Maria-Regina
und Michael Altmey[illegible]

Weihnachtliches Stelldichein

Fensterbilder-Szenen aus Tonkarton

frechverlag

Von den Autoren sind weitere Bücher im frechverlag erschienen:

TOPP 2488

TOPP 2438

TOPP 2457

TOPP 2100

TOPP 2414

TOPP 2282

Fotos: frechverlag GmbH + Co. Druck KG, 70499 Stuttgart;
Fotostudio Ullrich & Co., Renningen

Dieses Buch enthält:
2 Vorlagenbogen

Auflage:	5.	4.	3.	2.	1.	Letzte Zahlen
Jahr:	2004	2003	2002	2001	1999	maßgebend

frechverlag GmbH + Co. Druck KG, 70499 Stuttgart

ISBN 3-7724-2513-5 · Best.-Nr. 2513

Druck: frechverlag GmbH + Co. Druck KG, 70499 Stuttgart

Weihnachten ist ein geselliges Fest! Da kann auch an Ihrem Fenster eine fröhliche Runde zusammenkommen, denn wer sagt denn, dass Fensterbilder nur aus einem Motiv bestehen sollen? Auf den folgenden Seiten finden Sie kleine Szenen oder Motivgruppen, die allesamt unter dem gemeinsamen Motto stehen: „Hintereinander und nebeneinander zum weihnachtlichen Stelldichein".

Die Nussknacker haben sich zur Parade bereitgestellt, die Tannenbäume zeigen ihren prächtigen Festtagsstaat und die Schneemänner freuen sich ausgelassen über den wirbelnden Schnee. Der Weihnachtsmann in seinem Rentierschlitten muss sich sputen, denn die vierte Adventskerze brennt bereits. Und über allem scheint der glitzernde Mond am Weihnachtshimmel.

Einige Motive erhalten durch kleine pfiffige Extras erst das gewisse Etwas. So beeindrucken die Weihnachtsbäume besonders durch die aufgezogene Goldkette, die Schaukelpferde gewinnen durch das aufgedruckte Apfelschimmelmuster an Lebendigkeit.

Wir hoffen, Sie haben viel Spaß daran, Ihre Fenster dieses Jahr zu Weihnachten in voller Breite zu verschönern!

Viel Vergnügen und ein schönes Weihnachtsfest
wünschen Ihnen Ihre
Maria-Regina & Michael Altmeyer

Die bei den einzelnen Motiven verwendeten Materialien sind der entsprechenden Beschreibung jeweils in Listenform vorangestellt.

Material und Werkzeug

Material:

- Tonkarton in den angegebenen Farben
- geprägter Tonkarton in unterschiedlichen Farben
- gestreifter Tonkarton, rot-weiß und blau-rot
- Vario-Tonkarton (eine Seite kariert, eine Seite mit Rautenmuster), blau-weiß, grün-weiß und rot-schwarz
- Alu-Karton, gold
- Bänder:
  Schleifenband, rot und gold
  Baumwollband, rot
- Kordel, gold, weiß und goldbraun
- Metallglöckchen, 10 mm und 16 mm Ø
- Goldkette
- Transparent-, Architekten- oder Butterbrotpapier zum Anfertigen und Übertragen der Schablonen
- fester Karton
- Zwirn oder Garn zum Aufhängen der Fensterbilder

Werkzeug:

- Schneidewerkzeuge: mittelgroße, spitze Schere, Nagelschere zum Schneiden von Rundungen, Cutter, Lochzange zum Ausstanzen von Punkten (Augen), kleine Nadel
- Schneideunterlage aus Hartgummi (eventuell dicker, fester Karton) zum Schutz der Arbeitsfläche
- Klebstoff (Alleskleber)
- Bleistift (Stärke HB)
- Metall-Lineal
- Schwammrest
- Unterlage zum Schutz des Arbeitstisches vor Klebstoffresten

Farben:

- Filzstift, schwarz; Bastelfarbe, grau, braun und weiß; Glitterglue-Stift, gold
- Creme-Rouge für die Wangen

Das Anfertigen und Übertragen von Schablonen

Zuerst werden die Schablonen für die Motive gearbeitet. Dazu legen Sie Transparent- oder Architektenpapier auf die gewünschte Zeichnung des Vorlagenbogens und zeichnen dann die einzelnen Teile mit einem spitzen Bleistift nach. Das Transparentpapier mit dem abgepausten Motiv wird auf ein Stück festen Karton (Tonkarton) gelegt bzw. geklebt und das Motiv an den Bleistiftlinien ausgeschnitten. So erhalten Sie eine Schablone.

Die Kartonschablone wird so auf den Tonkarton gelegt, dass sie nicht verrutscht. Anschließend umfahren Sie die Umrisskanten sorgfältig mit einem Bleistift. Auf dunklem Untergrund hebt sich der Bleistiftstrich nicht genügend ab, hier sollten Sie daher mit einem weißen Farb- bzw. Kreidestift arbeiten.

Das Ausschneiden

Die meisten Motivteile werden mit einer normalen Bastelschere oder mit dem Cutter ausgeschnitten. Beim Schneiden mit dem Cuttermesser, das wie ein Bleistift in der Hand gehalten wird, ist ein Metall-Lineal äußerst hilfreich. Das Lineal wird an der auszuschneidenden Linie ausgerichtet und mit leichtem Druck daran entlang gezogen. Denken Sie daran, beim Arbeiten mit dem Cutter unbedingt eine schnittfeste Unterlage aus Hartgummi oder dickem Karton zu benutzen. Die Schneidematte schützt Ihren Arbeitstisch nicht nur vor Beschädigungen, sondern die Einschnitte darauf schließen sich wieder, so bleiben keine Unebenheiten zurück, die bei nachfolgenden Cutterschnitten stören könnten.

Kleinere Details oder Rundungen bearbeiten Sie mit einer kleinen, spitzen Schere, sehr kleine Wölbungen mit der Nagelschere.

Das Kleben der Motive

Die Tonkartonteile können mit normalem Alleskleber zusammengeklebt werden. Vor dem Zusammenfügen sollten Sie alle Teile des Motivs entsprechend der Vorlage anordnen und dann der Reihe nach miteinander verkleben. Da die Fenstermotive sowohl von innen als auch von außen betrachtet werden, gestalten Sie diese auf beiden Seiten. Die entsprechenden Teile werden doppelt ausgeschnitten und auf der Rückseite in gleicher Reihenfolge wie auf der Vorderseite, aber spiegelverkehrt, fixiert. Bei den Motiven, die eine Wand verschönern sollen, können Sie auf die Ausarbeitung der Rückseite verzichten. Damit die zum Teil recht großen Motive auch ausreichend stabil sind, verwenden Sie für die doppelt benötigten Teile den angegebenen geprägten Tonkarton (220 g/m²) oder einen Tonkarton in mindestens gleicher Stärke.

Das Aufhängen der Motive

Sie können die Fensterbilder mit Klebeband oder mit Faden befestigen. Klebeband hat allerdings den Nachteil, dass es beim Abziehen die obere Karton- bzw. Papierschicht beschädigen kann. Daher ist es besser, auf den bewährten Faden zurückzugreifen. Bedingt durch die Breite der verschiedenen Motive sollten Sie Ihr Fensterbild an zwei Fäden aufhängen. Jeweils einige Zentimeter vom Rand entfernt stechen Sie mit einer kleinen Nadel ein Loch in den Karton und ziehen den Faden durch. Das Verwenden von zwei Fäden hat darüber hinaus den Vorteil, dass das Ausbalancieren des Motivs entfällt. Bei Figuren, die aus mehreren Einzelmotiven bestehen, haben wir Kordeln als Aufhängeband verwendet. Hier können Sie das Klebeband direkt an der Kordel befestigen.

Hier kommt der Tannenbaum-Express

Material:

- Tonkarton, hautfarben (chamois), blau, rot und schwarz
- Tonkarton geprägt, rot, weiß, blau und grün
- Alu-Karton, gold
- Creme-Rouge
- Goldkordel, 50 cm

Weihnachtsmann: Die Stiefel, den Kopf und die beiden Hände je einmal aus Tonkarton, die übrigen Teile jeweils doppelt aus geprägtem Karton zuschneiden. Die goldene Schnalle wird doppelt aus Alu-Karton geschnitten. Beidseitig die Zipfelmütze aufkleben und mit Pelzbesatz und Bommel ergänzen.
Anschließend befestigen Sie den Anzug, dabei werden gleichzeitig die Stiefel und die Hände am unteren Anzugende bzw. an den Ärmelenden dazwischen geschoben und fixiert. Nun den Schal und den Gürtel anbringen, den Gürtel zusätzlich mit der goldenen Schnalle verzieren. Dann das Gesicht mit der roten Nase und den Augen ergänzen. Mit einem schwarzen Filzstift malen Sie Pupillen und Mundlinie auf. Zuletzt gestalten Sie die roten Bäckchen; dazu nehmen Sie etwas Creme-Rouge und verteilen es kreisförmig auf den Wangen.

Lokomotive: Die Lok einmal aus Tonkarton, den Dampf doppelt aus geprägtem Karton anfertigen. Die Räder werden insgesamt viermal aus goldfarbenem Alu-Karton gearbeitet. Beidseitig die weißen Dampfwolken am oberen Schornsteinende fixieren. Die Lokomotive mit den Rädern ergänzen.

Waggons: Die Anhänger werden einmal aus Tonkarton, die Tanne und der Stern doppelt aus geprägtem Karton bzw. goldfarbenem Alu-Karton ausgeschnitten. Die Räder werden je Waggon insgesamt viermal benötigt. Fixieren Sie beidseitig die Tanne am Anhänger, die Tannenspitze krönen Sie mit einem Stern. Zuletzt befestigen Sie die Räder.

Nun werden die einzelnen Teile miteinander verbunden.

Dazu stanzen Sie in eine Hand des Weihnachtsmannes ein kleines Loch.

Auch die Lok und die beiden Waggons werden vorne bzw. hinten mit kleinen Stanzlöchern versehen. Durch die Löcher Goldkordel fädeln und die Enden verknoten. Und schon kann der Tannenbaum-Express durchs Land rollen!

Der vierte Advent

Material:

- ✱ Tonkarton, grün
- ✱ Tonkarton geprägt, rot, gelb, weiß, hellbraun und dunkelbraun
- ✱ Alu-Karton, gold
- ✱ Bastelfarbe, braun

Diese Kerzengirlande besteht aus zwei mit Lichtern geschmückten Tannenzweigen, die von roten Schleifen zusammengehalten werden. Den Tannenzweig aus grünem Tonkarton arbeiten, die übrigen Motivteile werden jeweils doppelt aus geprägtem Tonkarton bzw. goldfarbenem Alu-Karton angefertigt.

Zuerst fixieren Sie beidseitig die nussförmigen Kerzenhalter auf dem Tannengrün und befestigen dann das braune Innenteil. Nun kleben Sie die weißen Kerzen auf, am oberen Kerzenende schieben Sie gleichzeitig den goldfarbenen Lichtkreis ein. Die gelbe Flamme fixieren und Docht sowie Flammenlinie mit einem schwarzen, wasserfesten Filzstift aufzeichnen. Die kleinen Bögen

auf der Nussoberfläche werden mit einem feinen Pinsel und etwas brauner Bastelfarbe aufgemalt, Sie können dafür aber auch einen Filzstift benutzen. Zuletzt einige goldene Sterne auf dem Tannengrün verteilen.

Kleben Sie nun die Tannenzweige mit den Spitzen zwischen die roten Schleifen. Zuletzt werden die tropfenförmigen Innenteile der Schlaufen fixiert.

Motivbreite: ca. 75 cm

Schaukelpferdparade

Material:

* Tonkarton, weiß und blau
* Tonkarton geprägt, rot und schwarz
* Bastelfarbe, grau
* Schwammrest

Pferdekörper und Kufen je einmal aus Tonkarton, die übrigen Motivteile jeweils doppelt aus geprägtem Tonkarton ausschneiden.
Zuerst werden die Pferde in „Apfelschimmel" verwandelt, dazu wird das graue Muster im Schwammdruck aufgetragen. Geben Sie etwas Farbe in einen flachen Teller; die Farbe sollte dabei nicht zu dickflüssig sein. Falls nötig, können Sie sie mit Wasser verdünnen. Tauchen Sie dann den Schwammrest in die Farbe und tupfen Sie das Muster auf die weißen Pferdekörper. Mit dem Cutter die kleinen Herzen in die Kufen schneiden. Anschließend werden die Schimmel an den Kufen befestigt und die Hufe aufgesetzt. Danach die Pferde mit den Augen, mit dem Stirnpony, der Mähne und dem Schweif vervollständigen. Nun reihen Sie die Schaukelpferde zu einer

langen Parade hintereinander auf. Verbunden werden die einzelnen Tiere mit großen roten Schleifen, die an den Kufenenden beidseitig aufgeklebt werden. Auf diese Weise können Sie nach Wunsch eine beliebig lange Pferdekette gestalten.

Motivbreite: ca. 64cm

Oh Tannenbaum

Material:
- Tonkarton, grün
- Tonkarton geprägt, rot und gelb
- Tonkarton gestreift, rot-weiß
- Dünner Blumendraht
- Goldkette mit Perlen, ca. 2,10 m (Perlen: Ø 6 mm)
- Schleifenband, rot, 1 cm breit, ca. 4,20 m

Schneiden Sie den großen und die beiden kleinen Tannenbäume je einmal aus Tonkarton aus. Die Herzen, die Sterne sowie die Zuckerstangen werden aus geprägtem bzw. gestreiftem Tonkarton zugeschnitten.
Nun stanzen Sie an den gekennzeichneten Punkten (siehe Vorlagenbogen) die Löcher in die Tannen. Dann werden die Goldketten angebracht. Zunächst bei der großen Tanne die unteren beiden Ketten befestigen; dazu zwei Stücke von je etwa 25 cm Länge zuschneiden. Die letzten Kettenglieder werden mit Blumendraht an den Stanzlöchern fixiert.

Anschließend wird die lange Kette (ca. 1,60 m) verlegt. Die Kette am großen Baum mit Draht anknoten, die Enden hinüber zu den kleinen Tannen führen und im Zick-Zack nach unten führen, dabei jeweils die entsprechenden Kettenglieder mit Blumendraht an den Stanzlöchern fixieren. Damit der Blumendraht später nicht mehr sichtbar ist, wird er nun kaschiert. Teilen Sie das Schleifenband in 14 Stücke von je 30 cm Länge, ziehen Sie durch jedes Stanzloch ein Band und binden Sie es vorn zu Schleifen. Zuletzt werden die Tannenbäume mit mehreren Herzen und Sternen verziert, die große Tanne wird zusätzlich mit einigen rot-weißgestreiften Zuckerstangen geschmückt.

Hurra, hurra! Es schneit!!

Material:
- Tonkarton, weiß und krokus
- Tonkarton geprägt, rot, grün, blau, orange und schwarz
- Bastelfarbe, weiß
- dünne Kordel, weiß, ca. 70 cm

Die Körper einmal, die aufgesetzten Arme der äußeren Schneemänner jeweils doppelt aus Tonkarton zuschneiden. Auch die verschiedenen Schneekristalle werden einmal aus Tonkarton angefertigt. Die übrigen Teile arbeiten Sie jeweils doppelt aus geprägtem Tonkarton.

Beidseitig Mund, Augen und Knöpfe fixieren; achten Sie darauf, diese Teile ungleichmäßig auszuschneiden, so erinnern sie an eingesteckte Kohlen. Anschließend die große Rübennase aufkleben. Als Hut erhält jeder Schneemann einen bunten Kochtopf. Die äußeren Schneemänner ergänzen Sie zusätzlich mit den aufgesetzten Armen. Zuletzt deuten Sie die Möhrenoberfläche mit einigen kurzen Filzstiftstrichen an.

Die feine Sternstruktur der verschiedenen Schneekristalle zeichnen Sie

mit weißer Bastelfarbe auf; die Punkte können mit Hilfe eines in Farbe getauchten Stecknadelkopfes aufgetupft werden. Stanzen Sie nun in die Spitzen der Schneekristalle ein kleines Loch und reihen Sie je drei Kristalle auf einer ca. 35 cm langen Kordel auf. In die Hände der Schneemänner ebenfalls ein Aufhängeloch stanzen und die Kristallketten zwischen die Figuren spannen.

Mit dem Rentierschlitten unterwegs

Material:

- Tonkarton, hautfarben (chamois), hellbraun, schwarz und weiß
- Tonkarton geprägt, rot, grün, blau, hellgrau, weiß und schwarz
- Goldkordel, ca. 1,20 m

Weihnachtsmann im Schlitten: Den Kopf und die Stiefel einmal, die Hände doppelt aus Tonkarton zuschneiden. Sämtliche anderen Motivteile schneiden Sie doppelt aus geprägtem Tonkarton aus.
Zuerst wird der Weihnachtsmann gearbeitet. Stiefel und Kopf zwischen den Mantel kleben und danach den Pelzbesatz anbringen. Anschließend Bart und Schnauzbart und dann die Mütze platzieren. Die Mütze ergänzen Sie mit der Pelzborte und dem weißen Bommel. Nun das Auge und die Augenbraue befestigen; die Braue dabei mit dem spitzen Ende halb auf dem Pelzbesatz fixieren.

Mit einem schwarzen Filzstift die Pupille aufmalen. Dann kleben Sie die Hände unter die Ärmelenden. Zuletzt die Arme befestigen und mit dem weißen Pelz verzieren.
Damit später die Zügel eingeschoben werden können, dürfen die Handflächen noch nicht verklebt werden. Jetzt kann der Weihnachtsmann zwischen die Schlittenhälften geklebt werden, die Deichsel bleibt aber noch offen. Das Oberteil des Schlittens ergänzen Sie mit der grünen Verkleidung.

Rentiere: Die Körper der Rentiere einmal und die Ohren doppelt aus Tonkarton, die übrigen Teile jeweils doppelt aus geprägtem Karton anfertigen.
Beidseitig die Hufe anbringen. Anschließend befestigen Sie das Kopfgeschirr und den roten Zierpunkt. Das Auge ergänzen; Pupille und Nasenloch mit einem Filzstift aufzeichnen. Nun erhalten die Rentiere ihr Rückengeschirr, dabei wird die Deichsel des Schlittens untergeschoben. Das Geschirr mit den blauen Punkten verzieren. Zuletzt werden die Ohren fixiert, dabei den Kleber nur am spitz zulaufenden Ende auftragen, so lassen sich die Ohren etwas vom Kopf wegbiegen. Jetzt können der Schlitten mit dem Weihnachtsmann und die beiden Rentiere auf dem weißen Schneeuntergrund angeordnet werden.
Zum Schluss stanzen Sie mit der Lochzange die Löcher für die Zügel in die großen roten Zierpunkte am Kopf. Als Zügel fädeln Sie Goldkordel hindurch, dabei spannt sich die Kordel vom vorderen zum hinteren Rentier und dann weiter in die Hände des Weihnachtsmanns. Nun können die Handflächen des Weihnachtsmannes mit etwas Klebstoff verschlossen werden.

Am Weihnachtshimmel

Material:

- Tonkarton, gelb
- Tonkarton geprägt, blau, hellbraun, schwarz und weiß
- Metallglöckchen, 1 x 16 mm Ø; 3 x 10 mm Ø
- Glitterglue-Stift, gold
- Goldkordel, ca. 1 m
- Goldenes Schleifenband, 1 cm breit, ca. 25 cm

Schneiden Sie den Mond und den Stern je einmal aus Tonkarton aus, die übrigen Motivteile arbeiten Sie jeweils doppelt aus geprägtem Karton. An den gekennzeichneten Stellen (siehe Vorlagenbogen) in Mond und Stern die Löcher für die Aufhängebänder einstanzen.

Auge und Pupille auf dem Mond fixieren, den Lichtpunkt vorher in die Pupille stanzen. Die Augenbraue und die Mundlinien werden mit einem schwarzen Filzstift aufgezeichnet. Ziehen Sie durch das Loch an der Mondspitze eine ca. 35 cm lange und durch das Rückenloch eine ca. 20 cm lange Goldkordel. Dann wird beidseitig die Mütze aufgeklebt und gleichzeitig das auf eine kurze Goldkordel gefädelte große Metallglöckchen an der Mützenspitze dazwischen gelegt, so dass es etwas nach unten hängt. Danach ziehen Sie die Ränder von Mond und Stern mit einem goldfarbenen Glitterglue-Stift nach. Bearbeiten Sie zunächst eine Motivseite und lassen Sie den Flitterauftrag gut trocknen; danach kann die Rückseite gestaltet werden.

Die vom Mond herunterhängenden Aufhängebänder werden durch die Löcher im Stern gefädelt und verknotet. Nun die Schäfchenkörper beidseitig am oberen Sternenrand anordnen. Dann ergänzen Sie die Schäfchen mit dem weißen Fell. Am schmalen Ohrende etwas Kleber auftragen, die Ohren fixieren und leicht vom Kopf wegbiegen. Die Augen werden mit dem Filzstift aufgemalt. Nun wird jedem Schaf noch ein Metallglöckchen (Ø 10 mm) mit etwas Goldkordel um den Hals gebunden. Zuletzt schmücken Sie den Mond mit einer großen Goldschleife.

Motivbreite:
ca. 44 cm

Lebkuchenengel

Material:

- Tonkarton, hautfarben (chamois), hellbraun und dunkelbraun
- Tonkarton geprägt, weiß, rehbraun und mittelbraun
- Alu-Karton, gold
- Creme-Rouge
- Goldkordel, ca. 80 cm

Lebkuchen: Die einzelnen Lebkuchen werden aus hell- oder dunkelbraunem Tonkarton ausgeschnitten; die einzelnen Mandeln, die den Lebkuchenmann, das Herz und den Stern verzieren, arbeiten Sie doppelt aus geprägtem Tonkarton in Rehbraun.

In den Lebkuchenrand wird mit der Lochzange ein kleines Loch gestanzt. Dann jeweils vier bis fünf Lebkuchen auf eine ca. 30 cm lange Goldkordel auffädeln und mit einem Knoten vor dem Verrutschen sichern.

Engel: Den Kopf und die Füße je einmal, die Hände doppelt aus Tonkarton anfertigen Die restlichen Motivteile doppelt aus geprägtem bzw. das Flügelpaar einmal aus goldfarbenem Alu-Karton arbeiten. Zu Beginn legen Sie die Flügel, die Füße und den Kopf zwischen die beiden Kleidhälften und kleben das Kleid zusammen. Dann mit einem schwarzen Filzstift die Armkonturen andeuten.
Anschließend gestalten Sie das Gesicht. Augen, Nase- und Mundlinie mit dem Filzstift aufzeichnen, die rosigen Pausbacken mit Creme-Rouge aufreiben. Danach wird das Haar fixiert.
Zuletzt befestigen Sie die Hände, dabei schieben Sie gleichzeitig die Goldkordel mit den aufgefädelten Lebkuchen mit einem Ende unter die Handflächen. Auf diese Weise lässt sich eine beliebig lange Engelkette arbeiten. Einer der äußeren Engel bekommt zusätzlich einen Lebkuchenmann in die Hand.

Schlittenfahrt

Material:
- Tonkarton, hautfarben (chamois), braun und schwarz
- Tonkarton geprägt, grün, rot, blau, grau und weiß
- Creme-Rouge
- Goldkordel, ca. 60 cm

Weihnachtsmann: Die Stiefel und den Kopf je einmal, die Hand doppelt aus Tonkarton ausschneiden. Alles Übrige wird doppelt aus geprägtem Tonkarton benötigt. Mit einem Cutter die Trennlinie in die Stiefel ritzen.

Zu Beginn tönen Sie die Nase mit etwas Creme-Rouge und kleben die Augen auf. Die Pupillen werden mit einem schwarzen Filzstift aufgemalt. Dann wird beidseitig der rote Anzug am Kopfteil fixiert, die Stiefel werden dabei gleichzeitig zwischen die Hosenenden geschoben. Die Hosenbeine trennen Sie mit einem dünnen schwarzen Strich (Filzstift) voneinander. Anschließend wird der Anzug mit der breiten Pelzborte geschmückt. Bevor Sie die Mütze befestigen, erhält der Weihnachtsmann erst noch seine graue Haarpracht nebst Bart und Schnauzer. Die Mütze mit Pelzbesatz und Bommel ergänzen. Nun die Hände unter die Ärmelenden kleben. Zuletzt

befestigen Sie die Ärmel auf dem Oberkörper, dabei das Ende einer ca. 10 cm langen Goldkordel zwischen die Handflächen kleben. Daran wird später die Schlittenkette gebunden.

Schlitten: Den Geschenksack und die Bärenkörper je einmal, Arme und Beine jeweils doppelt aus Tonkarton zuschneiden. Schleifen, Flicken und Schlitten werden doppelt aus geprägtem Karton gearbeitet. Die jeweiligen Schlittenhälften zusammenkleben und gleichzeitig den Sack bzw. die Bärenkörper dazwischen schieben und mitfixieren. Den Geschenksack verzieren Sie mit zwei bunten Flicken, die Nähte deuten Sie mit dem Filzstift an. Um das obere Sackende binden Sie eine Goldkordel. Dann die Bären mit Armen und Beinen ergänzen und die blauen Schleifen fixieren. Nase, Augen und Barthaare werden mit dem Filzstift aufgezeichnet. Zum Schluss stanzen Sie in die Schlittenkufen vorne und hinten kleine Löcher, ziehen etwas Goldkordel hindurch und reihen die Schlitten zu einer Kette auf. Auf geht`s zur weihnachtlichen Schlittenfahrt!

Gestatten, Familie Schneemann

Motivbreite: ca. 36 cm

Material:

- Tonkarton, weiß
- Tonkarton geprägt, blau, orange und schwarz
- Creme-Rouge

Die Körper von Papa Schneemann und seinen Kindern jeweils einmal aus Tonkarton zuschneiden. Alle anderen Motivteile werden je doppelt aus geprägtem Karton angefertigt.

Zu Beginn zeichnen Sie die Mundlinie und beim großen Schneemann zusätzlich die Armkonturen mit einem schwarzen Filzstift auf. Dann erhalten die Kinder ihre Besen, Papa Schneemann bekommt seinen Spazierstock. Beidseitig die Schals fixieren und die Mützen bzw. den Hut aufkleben; den Hut zusätzlich mit dem schmalen Hutband verzieren. Dann werden die Gesichter gestaltet. Befestigen Sie die Nase und reiben Sie die rosigen Wangen mit Creme-Rouge auf. Zuletzt ergänzen Sie die vier Knöpfe. Damit Papa Schneemann seine Kinder auch gut durch den Winter begleiten kann, kleben Sie nun die Schneemänner an den Händen zusammen.

Weihnachts-engel

Material:

- **Tonkarton, hautfarben (chamois) und blau**
- **Tonkarton geprägt, hellbraun und weiß**
- **Alu-Karton, gold**
- **Creme-Rouge**
- **Goldkordel, ca. 1,10 m**

Je Engelmotiv werden die Wolke, der Kopf und das Bein je einmal, die Hände doppelt aus Tonkarton zugeschnitten. Die Flügel schneiden Sie zweimal aus goldfarbenem Alu-Karton, alles Übrige jeweils doppelt aus geprägtem Tonkarton zu.

Das Kleid wird beidseitig auf der Wolke befestigt, dabei werden die Flügel, der Kopf und das Bein zwischen Wolke und Kleid geschoben und fixiert. Anschließend malen Sie mit schwarzem Filzstift die Körperlinien auf. Danach können die Hände beidseitig platziert werden. Nun den Engel mit den Haaren und den Augen ergänzen. Mit einem Filzstift werden die Pupillen aufgemalt und Mund und Nase als dünner Strich angedeutet. Die roten Pausbäckchen werden mit etwas Creme-Rouge aufgerieben.

Nun schneiden Sie aus goldfarbenem Alu-Karton sieben Sterne zu. In eine Zackenspitze stanzen Sie ein Loch und knoten drei Sterne an eine dünne Goldkordel (ca. 50 cm) bzw. reihen sie zu einer Kette auf. Seitlich in die Wolken je ein Loch stanzen und diese Sternenkette zwischen die beiden Wolken spannen. Die übrigen Sterne werden unterhalb der Wolken verteilt. Dazu am unteren Wolkenrand ein Loch einstanzen, jeweils zwei Sterne an eine ca. 30 cm lange Goldkordel anknoten und die Sterne unter die Wolken hängen.

Kling, Glöckche

Material:
- **Tonkarton, rot**
- **Tonkarton geprägt, grün, gelb, hellbraun und dunkelbraun**
- **Alu-Karton, gold**
- **Goldkordel, ca. 2,80 m**

Die Schleifen werden einmal aus Tonkarton, die Ilexbeeren jeweils doppelt aus Alu-Karton und die übrigen Teile jeweils doppelt aus geprägtem Karton gearbeitet.
Bei den Schleifen, der Trompete und dem Horn die Innenteile vorsichtig mit dem Cutter heraustrennen, bei den Blasinstrumenten und der Glocke die geschwungenen Trennlinien einritzen. Dann malen Sie mit einem schwarzen Filzstift die Mittellinie auf die Ilexblätter und fixieren diese beidseitig auf den Schleifen.

nd Co.

Motivbreite: ca. 60 cm

Darauf setzen Sie die goldenen Ilexbeeren. Nun werden die verschiedenen Musikinstrumente befestigt; die Glocke wird zusätzlich mit Zierband und Schlegel, der Bass mit Schall-Loch und Saitenhalter ergänzt. Die Saiten selbst werden mit dem Filzstift angedeutet.
Jetzt können die Motive zwischen den Fingern ausgependelt werden, um den richtigen Punkt für das Aufhängeband zu finden. An den entsprechenden Stellen ein Loch einstanzen und Goldkordel hindurchfädeln. Sie können diese Girlande frei im Raum aufhängen, aber natürlich auch Ihr Fenster damit musikalisch schmücken.

Weihnachts-gänse

Material:
- Tonkarton, grün und weiß
- Tonkarton geprägt, rot, gelb, grün, hellbraun und dunkelbraun
- Baumwollband, rot
- Kordel, goldbraun, ca. 1,20 m

Gänse: Körper einmal, Flügel doppelt aus Tonkarton, alles Übrige jeweils doppelt aus geprägtem Karton zuschneiden. Beidseitig Schnabel, Füße und Flügel fixieren. Mit der Lochzange den Lichtfleck in das Auge stanzen und das Auge aufkleben. Zuletzt den Schal befestigen, dabei die Fransen zwischen die Schalenden kleben. Die Trennlinien malen Sie mit einem schwarzen Filzstift auf.

Zweig: Die Blätter werden einmal aus Tonkarton, die Schleife und die verschiedenen Lebkuchen jeweils doppelt aus geprägtem Karton angefertigt. Beidseitig die Schleife und die Lebkuchen fixieren, dabei das rote Aufhängeband darunterkleben. Das herunterhängende Band verzieren Sie mit einigen weiteren Lebkuchen. Zum Schluss werden die Mandeln befestigt.

Die einzelnen Motive werden an einer goldbraunen Kordel aufgehängt. Dazu in die Gänse und die Blattstiele je ein Loch stanzen, Baumwollband durchfädeln und die Figuren an der Kordel anknoten.

Motivbreite:
ca. 75 cm

Die Weihnachts-gucker

Material:
- Tonkarton, grün und rot
- Tonkarton geprägt, hautfarben (chamois), rot, hellbraun, schwarz und weiß
- Bastelfarbe, braun

Das große Tannengrün und die Mützen der Nikoläuse werden je einmal aus Tonkarton ausgeschnitten. Alle übrigen Motivteile werden jeweils doppelt aus geprägtem Tonkarton benötigt.
Zuerst werden beidseitig die Haare samt Bart am oberen Tannenrand befestigt, gleichzeitig die Mützen dazwischen geschoben und ebenfalls fixiert. Dann ergänzen Sie die Mützen mit den weißen Bommeln. Nun die Gesichter der Nikoläuse gestalten. Das Gesichtsteil positionieren und Augen samt Pupillen aufkleben, vorher mit einer Lochzange die Lichtpunkte in die Pupillen stanzen. Die Hände anbringen. Anschließend erhalten die Weihnachtsgucker ihre Augenbrauen und die großen Schnauzbärte, bei den Bärten wird der Kleber nur in der Mitte aufgetragen. Den Klebepunkt decken Sie dann mit der großen roten Stupsnase ab. Zuletzt verteilen Sie noch einige Tannenzapfen auf dem Tannengrün; das Schuppenmuster wird mit Bastelfarbe oder einem braunen Filzstift aufgemalt. Jetzt können die Weihnachtsgucker nach dem Weihnachtsfest Ausschau halten.